全新版

華語

習作B本

第五冊

流傳文化事業股份有限公司

全新版華語習作B本第五冊

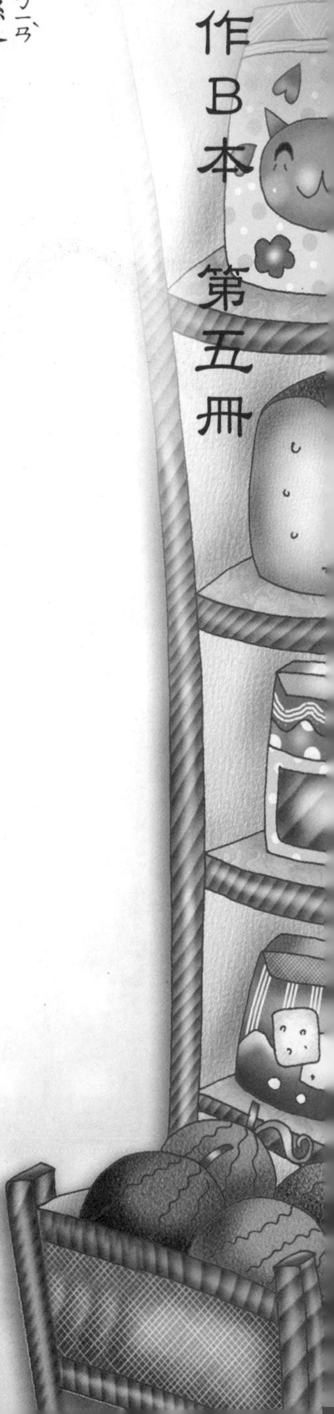

一 紅番茄

(一) 寫一寫：寫出更多詞語或短語，不必注音。

	字	詞語或短語
	番	番薯。三番兩次。別有一番天地。
1.	別	別人。
2.	管	管理。
3.	漲	漲潮。
4.	賽	比賽。
5.	葉	樹葉。

(二) 選一選：從句子的意思中，選出合適的字？

幾	機	譏	磯	賽	塞	寒

1. 最早的飛＿＿是木頭做的。
2. 哥哥喜歡用言語＿＿笑別人。
3. 你知道這裡有＿＿片葉子嗎？
4. 水鳥喜歡停在石＿＿上休息。
5. ＿＿馬是香港人喜歡的活動。
6. 這根水管被泥土＿＿住了。
7. ＿＿冷的天氣讓人害怕。

(三) 造句練習

1. 越……越……

天變冷了，風雨也越來越大。

（　　　　　　　　　　　　　　）

2. 仍然……

不管哥哥叫他，不管妹妹吵他，力力仍然很用心的寫功課。

（　　　　　　　　　　　　　　）

3. 並且……

我打破花盆，老師沒罵我，並且幫忙我清理乾淨。

（　　　　　　　　　　　　　　）

二 真心話

(一) 寫一寫：

寫出更多詞語或短語，不必注音。

	海	1. 潛	2. 入	3. 暗	4. 落	5. 成	6. 從
	海天一色。大海。海狗。山和海。	潛逃。	深入。	暗無天日。	落成典禮。	成功在我。	從此以後。

(二)想一想：我會回答。

1. 吹牛貝的名字是怎麼得來的？

2. 吹牛貝為什麼不敢說出真心話？

3. 你認為美麗貝會相信吹牛貝說的話嗎？為什麼？

（三）選一選：將詞語填入空格內。

嚇人　狼人　黏人　紅人　深入　轉入　落入　投入

1. 他現在是棒球界的（　　），大家都認識他。

2. 聽說月圓時，這裡會有（　　）出現。

3. 三歲的妹妹（　　）的功夫好的不得了。

4. 他扮鬼的樣子很（　　）。

5. 他研究動物很（　　）。

6. 這學期（　　）一位新同學。

7. 他已經（　　）好幾個籃板球。

8. 你別（　　）他的圈套。

三 都皮先生的小羊

（一）寫一寫：寫出更多詞語或短語，不必注音。

答	答數。回答。答案。答非所問。
1. 失	失言。
2. 永	永生難忘。
3. 窗	窗明几淨。
4. 談	談天說地。
5. 福	福如東海。
6. 座	情人座。

(二)讀一讀：選出正確的字。

①他 ②她 ③牠 ④它

都皮先生和都皮太太是一對恩愛的夫妻，＿＿們喜歡鄉村的生活，都皮先生養了一群羊，有一天，小羊不見了，＿＿的內心很著急，每天愁眉苦臉。都皮太太很樂觀，告訴都皮先生要往好處想：就算小羊走失了，也許小羊快樂的在天堂，過著＿＿美好的生活呀！這篇文章很美，＿＿是作者想像力的發揮！

(三)造句練習

1. 一起……一起……
（　　　　　　　　　　　　　　）

2. 幾乎……
（　　　　　　　　　　　　　　）

3. 老是……
（　　　　　　　　　　　　　　）

4. 也許……
（　　　　　　　　　　　　　　）

5. 就……
（　　　　　　　　　　　　　　）

四 爸爸下廚

(一) 寫一寫：

寫出更多詞語或短語，不必注音。

字	詞語或短語
計	算計。計時。設計。妙計。計較。計畫。
1. 抹	抹眼淚。
2. 熱	熱情。
3. 炒	炒股票。
4. 糖	砂糖。
5. 細	細紗。
6. 全	全家福。

(二)生活小作文

「爸爸炒了一道菜」，是簡單的寫法，如果詳細的寫法，就像課文中的爸爸，把炒菜的過程非常細微的敘述下來。現在請找出一件事，仔細的回想全部的過程，用「先……再……接著……最後」的方法，寫一段一百字左右的短文。題目自訂，例如：洗衣服、整理房間、烤蛋糕、釣魚、踢足球……。

(三)寫一寫：先讀一讀句子，再寫出注音。

1. 會

爸爸是這家大公司的會計師。

中午十二點我們在校門口會合。

2. 乾

豆乾、餅乾，你要吃哪一種？

這件事情你無法「扭轉乾坤」。

3. 漲

他臉漲紅了，就像是綠番茄變紅了。

最近東西漲價了，我的錢就不夠用了。

4. 切

請你細細的切肉絲、豆乾。

老師告訴你的話，一定要切記。

五 姐姐的衣櫃

（一）

寫ㄒㄧㄝˇ一寫ㄒㄧㄝˇ：寫ㄒㄧㄝˇ出ㄔㄨ更ㄍㄥ多ㄉㄨㄛ詞ㄘˊ語ㄩˇ或ㄏㄨㄛˋ短ㄉㄨㄢˇ語ㄩˇ，不ㄅㄨˊ必ㄅㄧˋ注ㄓㄨˋ音ㄧㄣ。

6.	5.	4.	3.	2.	1.	
裝ㄓㄨㄤ	換ㄏㄨㄢˋ	運ㄩㄣˋ	及ㄐㄧˊ	閒ㄒㄧㄢˊ	特ㄊㄜˋ	扮ㄅㄢˋ
裝ㄓㄨㄤ神ㄕㄣˊ弄ㄋㄨㄥˋ鬼ㄍㄨㄟˇ。	換ㄏㄨㄢˋ手ㄕㄡˇ。	好ㄏㄠˇ運ㄩㄣˋ連ㄌㄧㄢˊ連ㄌㄧㄢˊ。	及ㄐㄧˊ時ㄕˊ雨ㄩˇ。	閒ㄒㄧㄢˊ話ㄏㄨㄚˋ家ㄐㄧㄚ常ㄔㄤˊ。	特ㄊㄜˋ寫ㄒㄧㄝˇ鏡ㄐㄧㄥˋ頭ㄊㄡˊ。	扮ㄅㄢˋ鬼ㄍㄨㄟˇ臉ㄌㄧㄢˇ。打ㄉㄚˇ扮ㄅㄢˋ。扮ㄅㄢˋ演ㄧㄢˇ。裝ㄓㄨㄤ扮ㄅㄢˋ。男ㄋㄢˊ扮ㄅㄢˋ女ㄋㄩˇ裝ㄓㄨㄤ。

(二)寫短文：用一百字左右文章依左列問題描寫一個人。

什麼時間？誰？怎麼打扮？看起來如何？
說了什麼話？要去哪裡？做什麼事？

哥哥

今天早上，哥哥穿上黑西裝，雪白的襯衫，筆直的長褲加上黑黑的太陽眼鏡，讓他看起來特別帥氣。他拿起公事包，吹著口哨走出家門，我問他：「哥哥，你要去哪裡？是不是和女朋友有約會？」哥哥說：「才不呢！我是和客戶有約，約在他的公司談生意。」說完，就匆匆忙忙的走了。

六　記得說謝謝你

(一) 寫一寫：寫出更多詞語或短語，不必注音。

字	詞語或短語
代	代客停車。代替。一代佳人。新陳代謝。
1. 寄	寄情山水。
2. 容	容許。
3. 示	暗示。
4. 感	熱感應。
5. 養	養子不教。
6. 覺	先知先覺。

(二) 讀一讀：下面的詞語，意思相同的打✓。

1.

容易：這件事情很容易，我做好了。

易容：他會易容術，所以有人找他改變自己的樣子。

2.

感動：他感動得眼淚直流。

動感：他的舞蹈動感很強，受人喜歡。

3.

切細：爸爸把豆乾、肉塊切細。

細切：爸爸細切豆乾、肉塊。

4.

答應：老師答應我們的請求，明天再考試。

應答：他的應答很快，得到老師的喜愛。

(三)詞語練習

①半　②胖　③拌　④伴　⑤絆　⑥永　⑦詠　⑧泳

1. 大___子全身都是肉。
2. 把牛肉切一___給我。
3. 媽媽用手___黃瓜。
4. 他被繩子___倒了。
5. 我的同___都是好人。
6. 我___遠會記得你對我的好。
7. 夏天，我喜歡到溪水邊游___。
8. 他用詩歌來歌___母愛的偉大。

七 高飛的小鳥

(一) 選填國字

1. 媽媽的（　　）是到處旅行。 心願　愛心
2. （　　）子、老鷹、雲（　　）都是鳥。 燕　雀　卻
3. 看！飛機已經（　　）上天空。 升　生
4. 他的跑步（　　）度比以前快。 速　束
5. 樹（　　）上掛著小禮物。 枝　隻
6. 姐姐（　　）著自己的努力，考上高中。 靠　告
7. 你來幫我（　　）上郵票。 貼　帖

（二）多音字：依不同的讀音造詞。

1. 鑽
ㄗㄨㄢ（　　）
ㄗㄨㄢˋ（　　）

2. 強
ㄑㄧㄤˊ（　　）
ㄑㄧㄤˇ（　　）
ㄐㄧㄤˋ（　　）

3. 幾
ㄐㄧ（　　）
ㄐㄧˇ（　　）

（三）重新組合句子

有個小小的心願　往下看看　小鳥東東　他希望　美麗的

大地　飛到高高的天空

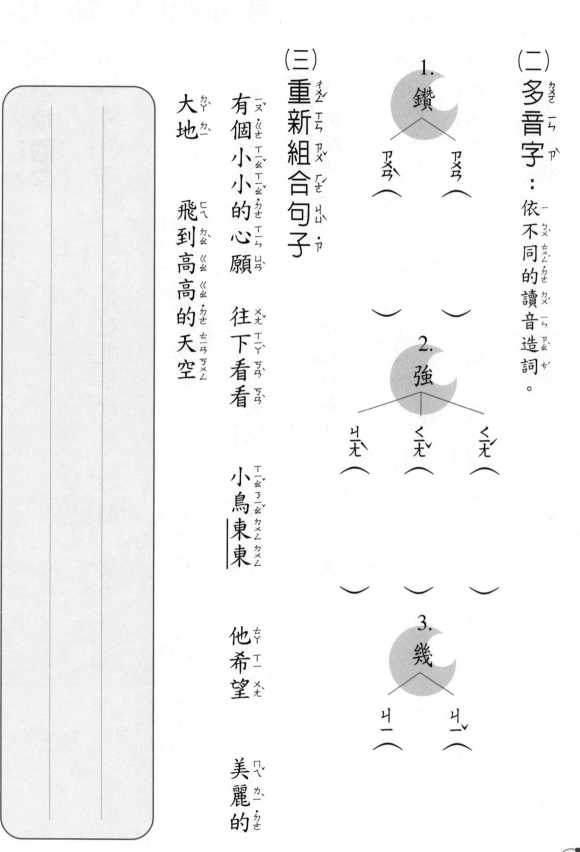

(四)欣賞園地：讀一讀短文。

燕子有一身烏黑的羽毛，光滑漂亮，加上剪刀似的尾巴，一對輕快有力的翅膀，一下往上飛，一下往下衝，一副忙碌的樣子。老鷹就不是了，他像個穩重的射擊手，但是不輕易出手。他靠著氣流上升在空中，輕鬆翱翔在雲端，一點也不費力。

有的人就像燕子，忙進忙出忙不停，不是上街購物，就是赴約開會，或者是料理家務，偶爾休息一下，心中還是想著等一下該做什麼事。有的人像老鷹一樣穩重，凡事一樣一樣來，不慌不忙，不論遇到什麼事情，總是先考慮清楚，一切都安排妥當再去做。

你ㄋㄧˇ選ㄒㄩㄢˇ擇ㄗㄜˊ當ㄉㄤ燕ㄧㄢˋ子ㄗ˙還ㄏㄞˊ是ㄕˋ選ㄒㄩㄢˇ擇ㄗㄜˊ當ㄉㄤ老ㄌㄠˇ鷹ㄧㄥ？為ㄨㄟˋ什ㄕㄣˊ麼ㄇㄜ˙？

八 五隻手指頭

(一) 填一填：填入合適的詞。

1.

半夜　柱子　彎下腰　不見五指　眼睛

（　　）忽然停電了，一片黑暗，伸手（　　）。

小弟弟不小心撞到門邊的（　　），痛得（　　）來。

2.

睡覺　拇指　伸出　翻翻　甜蜜　重要

爸爸（　　）前，喜歡（　　）書，並且把他認為重要的地方，畫上紅線，再把那一頁用（　　）摺一個角。不久之後，爸爸就會進入（　　）的夢鄉。

(二) 寫一寫：用每一組中的二個相似字寫句子。

居住　駐守　注意　柱子　蛀牙

例如：大家注意，門口柱子上貼一張停水通知。

悄悄　俏麗　刀鞘　消化　銷售　陡峭

例如：這種食品容易消化，因此常常一上架就銷售一空。

重要　種花　運動　董事長

例如：王董事長喜歡運動。

(三) 讀一讀、寫一寫

1. 速（ㄙㄨˋ）部：速度（ㄙㄨˋ ㄉㄨˋ）。快速（ㄎㄨㄞˋ ㄙㄨˋ）。（　）

2. 世（ㄕˋ）部：世界（ㄕˋ ㄐㄧㄝˋ）。世間（ㄕˋ ㄐㄧㄢ）。（　）

3. 貼（ㄊㄧㄝ）部：貼紙（ㄊㄧㄝ ㄓˇ）。黏貼（ㄋㄧㄢˊ ㄊㄧㄝ）。（　）

4. 壯（ㄓㄨㄤˋ）部：強壯（ㄑㄧㄤˊ ㄓㄨㄤˋ）。壯士（ㄓㄨㄤˋ ㄕˋ）。（　）

5. 戲（ㄒㄧˋ）部：遊戲（ㄧㄡˊ ㄒㄧˋ）。戲劇（ㄒㄧˋ ㄐㄩˋ）。（　）

6. 翅（ㄔˋ）部：翅膀（ㄔˋ ㄅㄤˇ）。雙翅（ㄕㄨㄤ ㄔˋ）。（　）

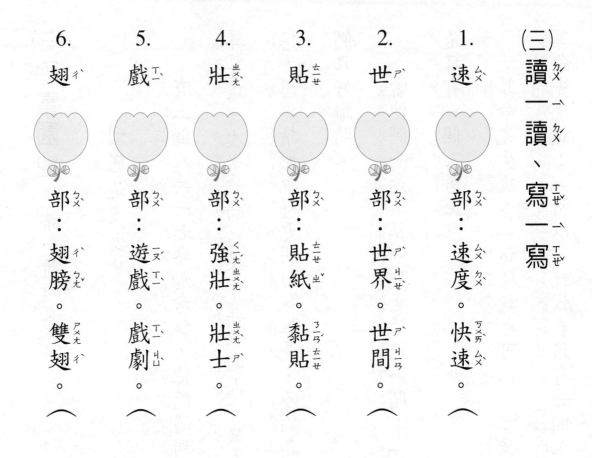

(三)欣賞園地：讀一讀短文。

到底是多少？

有三個人要一起參加考試，他們遇到一個算命的人，一時興起，想要算算這一次考試的結果。算命的人，只有比出一隻手指頭。三個人想一想，想要請他說得更明白。但是，不論怎麼問，算命先生就是不開口。他們只好離開。

當他們一走，算命先生的徒弟問：「爲什麼你只比一隻手指頭？是不是只有一個人考上？」

算命先生說：「這樣說也可以。」徒弟說：「萬一考上兩個人呢？」

算命先生說：「所以一就代表只有一個人考不上。」徒弟想了一想，還是

有疑惑，又繼續追問：「如果三個人都考上，又該怎麼說？」

這時算命先生笑一笑說：「傻孩子，還有一種解釋，就是代表全部的意思。」小徒弟聽了，會意的說：「那我明白了，如果三個人都沒有考上，一隻手指頭代表的意思就是一個也考不上。」

九　我也要當義工

訂正

詞語練習

病床　不論　助人　推翻　故意　如何　需要

(一) 組合句子

1. 叔叔說　展開笑容　心裡　就特別的歡喜　看到生病的人

（　　　　　　　　　　　　　　　）

2. 服務臺　她就在　找東西　一到假日　幫忙遊客

（　　　　　　　　　　　　　　　）

3. 叔叔　至少有一天　他每個星期　是醫院的義工
在醫院　幫忙

（　　　　　　　　　　　　　　　）

(二)聯想詞

開心國聯想詞：

快樂。

痛苦國聯想詞：

傷心。

(三)欣賞園地：讀一讀短文。

兩隻壁虎

有一個人爲了裝修家裡，拆開了木製的牆壁。當他拆開牆壁內側的時候，發現了一隻壁虎被困在那裡。一根從外面釘進來的鐵釘，釘住了那隻壁虎的尾巴。那人看到這種奇特的情形，覺得既可憐又好奇，他仔細看看那根釘子，天啊！那根釘子是八年前蓋這房子的時候釘上的。這到底怎麼回事？

那隻壁虎竟然在牆壁裡活了整整八年，牠竟然活了下來，眞不簡單。他一想再想，不對呀！尾巴被釘住了，一個步子也跨不出，更不用說去找東西吃了，那麼到底靠什麼撐過了這八年？

於是他暫時停止了裝修工程，要弄清楚這隻壁虎靠什麼力量方法活下來。

過了不久，不知道從哪裡又鑽出來一隻壁虎，嘴裡含著食物餵這隻壁虎。啊！這個人終於明白，爲了被釘住尾巴而不能走動的壁虎，另一隻壁虎竟然在八年的歲月裡一直不停地啣取食物餵牠、養活了牠。

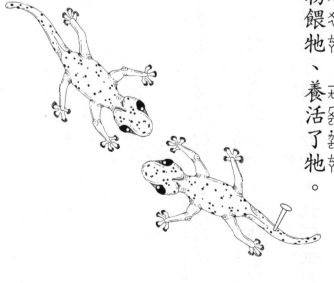

十 曬衣服

(一) 寫一寫：選入適當的詞，並把句子擴寫為長句。

①掃一掃 ②打一打 ③寫一寫 ④曬一曬 ⑤改一改

1. 媽媽　衣服。（天氣放晴了，媽媽很高興的曬一曬衣服。）
2. 爸爸　後院。（　　）
3. 弟弟　功課。（　　）
4. 哥哥　電腦。（　　）
5. 老師　本子。（　　）

(二) 造句

1. 一直……

一陣風吹來，襪子和襪架一直在打轉。

（　　）

2. 好像……

襪子掛在襪架上轉來轉去，好像人坐在摩天輪上。

（　　）

3. 發現……

我發現襪架圓圓的，好像遊樂場的摩天輪。

（　　）

4. 變成……

我們一起把這個有趣的發現，變成一首詩。

（　　）

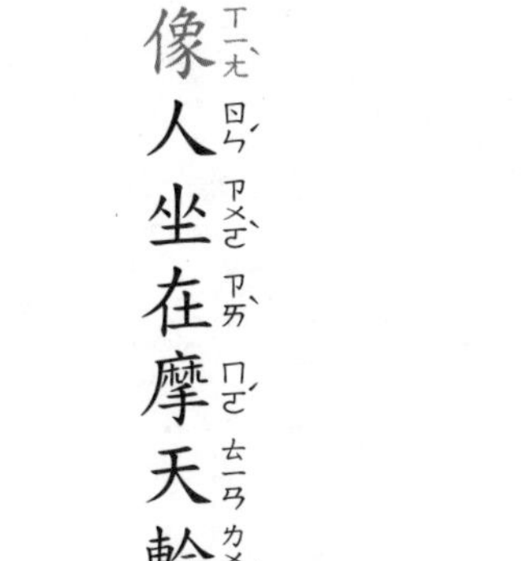

(三)欣賞園地：童詩欣賞。

媽媽和我

李春霞

媽媽踩著縫紉機，
做出一件一件的新衣，
有的衣服很帥氣，
有的衣服很美麗。
媽媽踩著縫紉機，
聲音就像小雞在啄米，
輕輕快快令人迷。

有時我一邊寫功課，
一邊看電視中的俠客。
媽媽對我說：
做衣服一針一線不能馬虎，
讀書寫字也一樣要下功夫。

(一) 有趣的組合

1. 三個水組合起來，變成一個淼。
2. 三個耳組合起來，變成一個聶。
3. 三個____組合起來，變成一個轟。
4. 三個虫組合起來，變成一個____。
5. 三個日組合起來，變成一個____。
6. 三個口組合起來，變成一個____。
7. 三個____組合起來，變成一個矗。
8. 三個____組合起來，變成一個鑫。

(二)字詞分辨

水餃　郊外　皎潔　狡猾　摔跤　計較　學校

「交」字喜歡「交朋友」，可是遇到「車」部首，就會斤斤 ____ 。遇到「犬」部首更可怕，馬上變成一隻 ____ 的狐狸。遇到「白」部首，抬頭一看，可以看到 ____ 的明月。遇到了「足」部首，你走路時要小心，千萬別 ____ 了。遇到「邑」部首，那你可以到 ____ 踏青，欣賞美麗的風景。遇到「食」部首，哈哈！你有口福了，可以吃到熱騰騰的 ____ 。遇到「木」部首，你得背起書包上 ____ 。

(三)欣賞園地：讀一讀短文。

神射手和賣油的老人

古時候有一人很會射箭，幾乎是百發百中，大家稱他爲神射手。

有一天，神射手又在廣場上射箭，有一個賣油的老人看了，不但沒有稱讚他，還說只是技術熟練而已。神射手很不服氣，賣油的老人就表演「倒油」的技術，先把一個葫蘆放在地上，再拿一個有方孔的錢幣蓋在葫蘆口上，然後用杓子杓油，把油從錢孔中慢慢注入葫蘆。當葫蘆裡注滿油時，錢孔卻滴油不沾。

老人說：「這和你射箭一樣，只不過是熟能生巧而已。」神射手聽了說不出話來了。

（一）詞ㄘˊ語ㄩˇ練ㄌㄧㄢˋ習ㄒㄧˊ

一字多音ㄧ ㄗˋ ㄉㄨㄛ ㄧㄣ

假 {
　ㄐㄧㄚˇ：假日。（　）
　ㄐㄧㄚ：假裝。（　）
}

形近字ㄒㄧㄥˊ ㄐㄧㄣˋ ㄗˋ

1. 抱ㄅㄠˋ　手ㄕㄡˇ部ㄅㄨˋ　擁ㄩㄥ抱ㄅㄠˋ

2. 飽ㄅㄠˇ　食ㄕˊ部ㄅㄨˋ

3. 泡ㄆㄠˋ　水ㄕㄨㄟˇ部ㄅㄨˋ

4. 炮ㄆㄠˋ　火ㄏㄨㄛˇ部ㄅㄨˋ

十二　美麗的山

(二)倒裝句練習：請組一個新句子。

1. 從早到晚　有許多小鳥　吱吱喳喳的唱著歌

2. 在一條清澈的小河上　三三兩兩的白鵝　自在又逍遙的游水

3. 一大早　許多大人和小孩　在茶園裡採著春茶

(三) 欣賞園地：讀一讀短文。

因小失大

有一個人撿到一把斧頭，但是缺了斧柄，他走進樹林，對一棵樹說：「給我一根樹枝當斧柄好嗎？」那棵樹想一想：「只不過是少了一根樹枝而已。」於是答應了。

那個人有了斧頭之後，如虎添翼，天天到樹林裡砍樹，樹紛紛倒了下來，那棵樹後悔已經來不及了，因為它也被砍倒了。

Meno

Memo

【全新版】華語習作B本第五冊

總 主 編：蘇月英
編撰委員：蘇月英、李春霞、胡曉英、詹月現、蘇　蘭
吳建衛、夏婉雲、鄒敦怜、林麗麗、林麗眞
指導委員：信世昌、林雪芳
總 編 輯：張瀞文
責任編輯：胡琬瑜
美術編輯：益智邦文化
封面設計：陳美霞
發 行 人：曾高燦
出版發行：流傳文化事業股份有限公司
地　　址：臺北縣（231）新店市復興路43號4F
電　　話：(02)8667-6565
傳　　眞：(02)2218-5221
郵政劃撥：19423296
http://www.ccbc.com.tw
E-mail:service@ccbc.com.tw
香港分公司◎集成圖書有限公司－香港皇后大道中283號
聯威商業中心8字樓C室
TEL：(852)23886172-3・FAX：(852)23886174
美國辦事處◎中華書局－135-29 Roosevelt Ave. Flushing, NY 11354 U.S.A.
TEL：(718)3533580・FAX：(718)3533489
日本總經銷◎光儒堂－東京都千代田區神田神保町一丁目五六番地
TEL：(03)32914344・FAX：(03)32914345

出版日期：西元 2004 年 11 月臺初版（50031）
西元 2006 年 3 月臺初版五刷
印　　刷：世新大學出版中心

分類號碼：802.85.020
ISBN 957-29495-9-4

定　　價：60 元